नवरस

आम दिनों की अनोखी कहानी

Sonakshi Prasad

BookLeaf Publishing
India | USA | UK

Made with ❤ on the BookLeaf Publishing Platform
www.bookleafpub.in
www.bookleafpub.com

Dedication

उन रास्तों के नाम, जिन्होंने मुझे चलना सिखाया...
उस हवा के नाम, जिसने मेरे कानों में कहानियाँ फूँकी...
उस चाय के नाम, जिसने हर ठहराव को अपना सा बना दिया...
और उस आसमान के नाम, जो हर किसी का है, फिर भी थोड़ा-सा मेरा है।

यह किताब समर्पित है उन सभी दिलों को,
जो महसूस करते हैं, जो मुस्कुराते हैं, और जो चुपचाप रोते हैं।
पुरानी यादों की खुशबू, आज की छोटी-छोटी हकीकतें,
और उन भावनाओं के लिए जो हमें इंसान बनाती हैं।
यह 'नवरस' उन पलकों, लम्हों और अनुभवों के लिए है,
जो हमारे भीतर गहरे उतर जाते हैं और हमें जीने की राह दिखाते हैं।

Preface

कभी-कभी ज़िंदगी की राह इतनी तेज़ चलती है कि हम रुककर अपने भीतर की आवाज़ सुनना भूल जाते हैं। बचपन की वो छोटी-छोटी खुशियाँ, उन पुरानी तस्वीरों की यादें, दोस्तों की हँसी, या अचानक महसूस हुआ अकेलापन—ये सब कहीं खो सा जाते हैं। **नवरस** 'इन्हीं खोए हुए, पर महसूस किए जाने लायक पलों को ढूँढकर आपके सामने लाने की कोशिश है।

यह किताब केवल भावनाओं का संग्रह नहीं है। यह उन लम्हों की कहानी है, जो हमारी रोज़मर्रा की ज़िंदगी में छिपे रहते हैं—कभी मज़ेदार, कभी दर्द भरे, कभी बेहद सुकून देने वाले। हर कविता, हर लेख, हर अनुभव आपको अपने अतीत और वर्तमान से जोड़ने का प्रयास करता है।
मेरा इरादा यही है कि जब आप इसे पढ़ें, तो आप सिर्फ मेरे अनुभवों में नहीं, बल्कि अपने अनुभवों में भी खुद को देखें। यह किताब आपको हँसाएगी, सोचने पर मजबूर करेगी, और कभी-कभी शायद थोड़ी आँखें नम कर देगी। लेकिन सबसे अहम बात—यह आपको याद दिलाएगी कि हर एहसास, हर रंग, हर *नवरस* हमारे जीने का हिस्सा है।

इसलिए इसे अपने दिल से पढ़िए। इसे महसूस कीजिए। क्योंकि यह किताब केवल मेरे लिए नहीं, आपके लिए भी है।

Acknowledgements

इस किताब को लिख पाना मेरे लिए सिर्फ एक सफर नहीं, बल्कि उन अनगिनत खूबसूरत पलों का संकलन है, और उन सभी लोगों का धन्यवाद, जिन्होंने इन्हें और भी यादगार बनाया। ये पल, ये एहसास, मेरे जीवन में अगर नहीं होते, तो यह किताब भी नहीं होती।

सबसे पहले मैं भगवान का हृदय से धन्यवाद करती हूँ, जिन्होंने मुझे यह अवसर दिया और मेरी सोच, मेरी भावनाओं और मेरी रचनात्मकता को शब्दों में ढालने की शक्ति दी।

मैं *Book Leaf Publishing* का आभार व्यक्त करती हूँ, जिन्होंने हम जैसे नए लेखकों को एक मंच दिया और हमारे सपनों को सच करने में अपना योगदान दिया।

मैं अपने पति **विशेष प्रसाद** का खास धन्यवाद करती हूँ, जिन्होंने कभी मुझे रोकने की कोशिश नहीं की, बल्कि हर बार कुछ नया करने के लिए प्रेरित किया। उनके साथ होने से हर चुनौती आसान लगती है।

मेरे माता-पिता का दिल से धन्यवाद, जिन्होंने मेरी छोटी-छोटी उपलब्धियों में अपनी खुशी देखी और मुझे हमेशा आगे बढ़ने के लिए प्रोत्साहित किया।

एक विशेष धन्यवाद मेरे दोस्त और counselor **पियूष महेश्वरी** को, जिन्होंने अपनी व्यस्तताओं के बीच मेरी कविताओं को पढ़ा, समझा

और अपने मूल्यवान सुझाव दिए। उनके बिना मेरी कविताएँ इतनी संपूर्ण नहीं हो पातीं।

और सबसे अहम—उन सभी छोटे और बड़े पलों का धन्यवाद, जिन्होंने मेरी जिंदगी को रंगीन बनाया और मुझे यह किताब लिखने की प्रेरणा दी।
हर शब्द, हर पन्ना, और हर भावना आपके साथ जुड़ी है—आप सबका शुक्रिया।

1. रामप्यारी – मेरी उड़ान

रामप्यारी, मेरी सहेली, मेरी छोटी-सी जान,
दो पहियों पर तुम लिखती हो मेरी कहानी का ग्यान।
ना तुम्हें थकान, ना कोई शिकवा,
बस हवा के झोंके और मेरा खुलकर झिलमिलना।

कभी सोचा करती थी –
ये लड़के बातें क्यों टाल देते हैं,
जब मुश्किल आती है तो चुपचाप कहीं सड़कों पर निकल जाते हैं।
लगता था – "अरे! इतना ड्रामा क्यों?"
पर आज समझ आया, वो भागते नहीं,
बस थोड़ी देर दुनिया से दूर कहीं सांस ले आते हैं।

रामप्यारी, तुमने मुझे वही सुकून दिया,
चेहरे पर हवा, दिल में आज़ादी का रंग,
मानो हर मोड़ पर लिखा हो – "ज़िंदगी ज़िंदा है, चल आराम से जी ले यार!" का संग।
तुम मेरी *partner in crime*,
मेरी सड़कों की *rhymes*।
जब दुनिया लगे भारी,
तुम ही बन जाती हो मेरी *therapy*।
तुम्हारी घंटी का *ट्रिंग-ट्रिंग* जैसे एक *anthem*,
"चल, टेंशन छोड़, जी ले इस पल का *random*!"

और मैं खुद से कहती हूँ –

शायद रामप्यारी भी सोचती होगी,
"ये लड़की भी कमाल है यार...
मुझे अपनी सारी खुशियों का *brand ambassador* मान लिया!"

मेरी रामप्यारी,
मेरी आज़ादी की रानी,
तुम्हारे बिना मैं अधूरी,
तुम हो मेरी कहानी की कहानी।

हवा का थप्पड़, गर्मी का थोड़ा-थोड़ा राग,
पर तुम्हारे साथ हर सवारी बन जाए *life* का *unplugged track*।
अब समझ आया, रामप्यारी –
तुम सिर्फ एक स्कूटी नहीं...
तुम मेरी अपनी "*escape plan*" हो,
जहाँ मैं भागती नहीं,
थोड़ी देर के लिए बस "**मैं**" बन के जीती हूँ।

2. आसमान अपना अपना

कभी सुनहरी किरणों में नहाया,
कभी लालिमा ओढ़े,
तो कभी काले, भारी बादलों की चादर ताने–
आसमान हर रोज़ नया रूप धरता है।

एक ही चाँद, वही तारे,
पर हर आँख से नज़ारा अलग।
आज जो चाँद मैं देख रही हूँ,
वही तो मेरे अपने भी देख रहे होंगे ना?
दूरी थोड़ी सी घट जाती है, बस इतना भर।

आसमान कहानियाँ सुनाता है–
कहीं धूप की खिलखिलाहट,
कहीं बारिश की बूँदों का गीत,
कहीं ख़ामोशी का गहरा रंग।
जैसे हमारी ज़िंदगी–
हर पल, हर मौसम बदलती हुई।

तो क्यों न थोड़ा ठहरकर,
किसी से उनका हाल पूछ लिया जाए?
क्योंकि उनके सपनों का आसमान
उनका है, मेरा है, तुम्हारा है–
पर फिर भी सबका अलग है।

आसमान को कैद करने की ज़रूरत नहीं,
ये खुला है, आज़ाद है,
सबके लिए, हर दिल के लिए।
एक आसमान तेरा,
एक आसमान मेरा–
आसमान अपना अपना

3. अख़बार में लिपटी रोटी

सुबह-सुबह घर से निकले,
माँ ने झटपट बेल दी रोटी,
घी की महक, आलू की सब्ज़ी,
और ऊपर से—अख़बार की पोशाक में लपेट दी मोती।

स्याही की खुशबू और गरमाहट,
दोनों ही साथ-साथ चलते,
ट्रेन के डिब्बे में खोलते ही,
समाचार और स्वाद, दोनों एक साथ मिलते।

कभी "मौसम बिगड़ने" की खबर,
कभी "मंत्री का भाषण" रोटी में चिपका,
कौर के साथ ही पढ़ जाते थे हम,
राजनीति का भी मज़ा, आलू का भी चटका।

स्कूल पिकनिक हो या बस की यात्रा,
ये लिपटी रोटी थी सबसे सच्चा दोस्त,
प्लास्टिक के डिब्बे में दम घुटता उसका,
पर अख़बार में? लगती वो नवाबों की दावत हो।

आज भी स्टेशन पर वड़ा पाव,
अख़बार के टुकड़े में मुस्कुराता है,
कभी सोचा नहीं था—
स्याही और तेल का ये रिश्ता इतना याद आएगा।

अब तो अख़बार डिजिटल हो गया,
रोटियाँ डिब्बों में कैद हो गईं,
पर दिल के अख़बार के पन्नों में,
आज भी वही गरम रोटी छपी हुई है।
आज भी यादों में वो गरम रोटी अख़बार में लिपटी हुई है।

4. रिश्तों के अनसेंट मैसेज

कभी किसी ने कहा था,
"रिश्ते बातचीत से चलते हैं" –
पर क्या करें,
बातें भी कभी-कभी चुप्पियों में बंद हो जाती हैं।
मेरे मोबाइल में
'ड्राफ्ट' नाम की एक क़ब्रगाह है,
जहाँ अनगिनत मेसेज दफ़्न हैं।
कुछ बहुत मीठे,
कुछ बहुत कड़वे,
और कुछ ऐसे...
जो भेज देती तो शायद
कहानी कुछ और होती।
एक रात 2:17 पर लिखा था –
"तुम ठीक हो? मुझे तुम्हारी चिंता हो रही है"
लेकिन याद आया,
आख़िरी बार उन्होंने 'Seen' करके जवाब नहीं दिया था।
मैंने मेसेज मिटा दिया।
कभी भाई की शादी में बैठकर लिखा –
"काश, तुम यहाँ होते, सब अधूरा लग रहा है"
पर डर था,
ये पढ़कर शायद वो हँस दें
या कह दें – "Drama बंद करो"
कभी गुस्से में लिखा –
"तुमने मेरी ज़िन्दगी बर्बाद कर दी"

टाइप करते वक्त उँगलियाँ काँप रही थीं।
लेकिन भेजने से पहले सोचा,
क्या सच में उन्होंने बर्बाद किया,
या हम दोनों बस वक्त के शिकार हैं?
फिर डिलीट कर दिया।
कभी "सॉरी" लिखा,
इतना छोटा शब्द,
पर उसे लिखने में आधा घंटा लग गया।
भेजने से पहले ही अहंकार ने कान में फुसफुसाया –
"मत भेज, अगर उन्हें फ़र्क पड़ता
तो वो पहले कहते।"
और ये सिलसिला चलता रहा।
कॉलेज के दोस्तों का ग्रुप,
जिसमें पहले हज़ार मैसेज रोज़ आते थे,
अब महीनों से 'Mute' पड़ा है।
पुराने ऑफिस का चैट,
जहाँ हर सोमवार गालियाँ और शुक्रवार हँसी आती थी,
अब बस Diwali forward मेसेज पर ज़िंदा है।
पुरानी मोहब्बत का चैट,
जहाँ 'Good Morning' से दिन शुरू होता था,
अब 'Last seen months ago' का बोर्ड टंगा है।
आज जब मोबाइल स्क्रॉल करती हूँ,
तो लगता है,
हम रिश्ते छोड़ते नहीं,
बस 'Send' नहीं दबाते।
हम प्यार खत्म नहीं करते,
बस Draft में डाल देते हैं।

हम लड़ाइयाँ सुलझाते नहीं,
बस Unsent Messages की भीड़ में खो देते हैं।
कभी सोचा है?
अगर एक दिन हम सब अपने Unsent Messages भेज दें,
तो कितने रिश्ते फिर से साँस ले लेंगे...
और कितने हमेशा के लिए ख़त्म हो जाएँगे।
अगर चाहो,
तो तुम्हारे पास भी होगा एक Folder,
जहाँ मैं अब भी हूँ –
एक मेसेज की तरह,
जो लिखा तो गया,
पर कभी भेजा नहीं गया।

5. पुराना पासवर्ड

मेरे लैपटॉप के पुराने कीबोर्ड पर
एक पासवर्ड बसा है...
जो अब किसी अकाउंट का नहीं,
बस मेरी यादों का ताला खोलता है।
तुम्हारा नाम,
और उसके बाद हमारी पहली मुलाक़ात की तारीख।
वो तारीख़, जब मुझे लगा था –
ज़िंदगी का सबसे सही 'लॉगिन' मिल गया है।
पहले ये पासवर्ड डालते ही
ईमेल खुलता था,
जिसमें हमारी चैट,
हमारी अधूरी प्लानिंग,
और वो सारे ड्राफ्ट पड़े थे
जो कभी भेजे ही नहीं गए।
अब वही पासवर्ड डालने पर
स्क्रीन कहती है –
"Incorrect Password"।
जैसे मशीन भी जान गई हो
कि हम अब पहले जैसे नहीं रहे।
कई बार सोचती हूँ बदल दूँ इसे।
कोई नया रख लूँ –
शायद इससे पुरानी बातें भूलना आसान हो जाए।
पर फिर डर लगता है...
पासवर्ड बदला तो यादें भी धीरे-धीरे मिट जाएँगी।

और मैं ये रिस्क नहीं लेना चाहती।
तो मैं वही पुराना पासवर्ड रखती हूँ।
हर बार टाइप करती हूँ,
हर बार 'इनवैलिड' लिखकर सिस्टम
मुझे याद दिलाता है –
कुछ दरवाज़े अब कभी नहीं खुलते,
लेकिन उनकी चाबी फेंकी भी नहीं जाती।
शायद एक दिन
पासवर्ड भूल जाऊँगी मैं भी...
पर उससे पहले
तुम्हारा नाम टाइप करते-करते
मेरी उंगलियों को आदत हो जाएगी
किसी ऐसे को याद करने की,
जो अब मेरी ज़िंदगी में 'लॉग इन' नहीं कर सकता।

6. जिस घर में लड़के रहते हैं

जिस घर में लड़के रहते हैं,
वहाँ कभी बिस्तर ठीक से नहीं लगते हैं।
डायनिंग टेबल पर अख़बार बिछा मिलेगा,
और बाथरूम में मोज़ा टंगा मिलेगा।

गिलास आधा पानी से भरा,
मोबाइल चार्जर रसोई में पड़ा,
छत पर जूते, बरामदे में बैट—
और चाय के कप के पास क्रिकेट की कैप।

पर यही लड़के किराने भागते हैं,
बिना लिस्ट के भी सब ले आते हैं।
बिजली गुल हो तो फ्यूज़ बदलते हैं,
बारिश में छत की टंकी चढ़कर साफ़ करते हैं।

दीवाली पर लाइटिंग से लेकर,
होली पर पिचकारी तक भरकर,
ये घर में रौनक लाते हैं,
और खुद पीछे रह जाते हैं।

जब बहन की विदाई होती है,
ये गले लगाने की बजाय
मेहमानों को चाय पिला रहे होते हैं।
किसी अपने की मौत पर,

लड़कियाँ रोकर मन हल्का कर लेती हैं,
पर लड़के?
तेहरवीं-चौदहवीं में
मेहमानों को स्टेशन छोड़ते हैं,
फिर अकेले में
मन के आँसू पीते हैं।

माँ का फोन रिचार्ज,
पापा की दवाई,
भाई का इंटरव्यू फॉर्म,
बेटी की ट्यूशन फ़ीस–
ये सब बिना कहे कर जाते हैं,
और तारीफ़ के बिना रह जाते हैं।

हाँ, कमरा बिखरा होगा,
मोज़े इधर-उधर होंगे,
पर बिखराव में भी
इनके दिल की सच्चाई गहरी होगी।

घर लड़कियों से सजता है–सच है,
पर लड़कों से टिकता भी है–
ये और भी सच है।

और यही वजह है...
रौनक, जिम्मेदारी और चुप्पी का जो संगम है,
वो सबसे खूबसूरत होता है–
वो बिखरा-सा भी घर सुन्दर होता है,

जिस घर में लड़के रहते हैं।

7. कुम्हार का दिवाली इंतज़ार

मिट्टी के ढेर में छुपा है सपना,
हर चाक पर घूमता अपना सपना।
सर्द हथेलियों में गर्मी भरता,
दियों में उजियारा पिरोता रहता।

बरसों से ये मौसम पहचानता है,
अधूरा चूल्हा भी तब जान पाता है,
जब पहली बार शहर से आवाज़ आती–
"दिये तैयार हो गए क्या भैया जी?"

उसके कानों में बस यही राग,
यही है उसकी पूजा, यही सुहाग।
न रंग-बिरंगी झालरों का शोर,
बस दियों की कतारें, उसका गौरव और गौर।

पर दिल के किसी कोने में डर भी है,
बारिश हुई तो मेहनत बेअसर भी है।
त्योहार का उजाला हर घर में होगा,
पर उसके घर में तेल का कटोरा भी जोगा।

आजकल तो कोई मिट्टी छूता नहीं,
गली में कोई दिया पूछता नहीं।
सब कहते हैं – "भैया, ये तो महंगा है,
सामने वाली दुकान में सस्ता है!"

कोई bargaining करता, कोई बस देख के चला जाता,
कोई फोटो खींचकर insta पर लगा जाता।
चमकते बिजली के बल्ब बिक जाते हैं,
और उसके दिये धूल में सो जाते हैं।

फिर भी, वो मिट्टी में आस जगाता,
हर दीपक में उम्मीद सजाता।
उसे मालूम है – रौशनी बिक जाएगी,
और शायद इस बार... उसकी बेटी की किताबें भी आ जाएँगी।

8. गली की गुप्तचर सेवा

हमारी गली में एक आंटी रहतीं,
जो हर खिड़की से झाँकतीं, बैठीं।
ना टीवी, ना रेडियो, फिर भी ख़बर,
कौन आया, कौन गया, सब बेशबर।

सुबह-सुबह चाय का प्याला,
और आँखों में न्यूज़ का उजाला,
"शर्मा जी के घर लाइट गई,
वर्मा की बहू नई साड़ी लाई!"

गुप्ता जी की लड़की निकली छत पर,
बाल सुखा रही थी, हँसकर-हँसकर,
शर्मा जी का लड़का नीचे आया,
मोबाइल से ऊपर को इशारा कर आया।

आंटी बोलीं – "अरे, ये तो सीरियस है,
गली में कोई मूवी-सीरीज़ है!"
दोपहर तक ये न्यूज़ बनी हॉट,
पूरा मोहल्ला हो गया नॉट-नॉट।

रसोई से आती खटर-पटर,
मानो हो रही हो न्यूज़ की डगर,
थाली में रोटियाँ, हाथ में चमचा,
पर कान में बजे है गली का तमाशा है।

एक दिन मैंने पूछ लिया हँसकर,
"आंटी, आप हैं बड़ी तेज़ नज़र,
ये सब डेटा कैसे रखते हैं?"
वो बोलीं – "बस दिल से लगते हैं!"

फिर एक शाम आई ख़बर धमाके वाली,
जिससे गली की हवा ही काली-काली,
पता चला – पार्क में देखा गया था,
आंटी को... किसी अंकल के साथ बैठा पाया गया था!

गली में गुप्ता जी हँस-हँसकर बोले –
"लो भई, आज तो हेडलाइन खोले,
गली की गुप्तचर सेवा हुई फेल,
आंटी खुद बन गईं Most-Secret Tale!"

9. मोक्ष @9999/- Only

भक्ति थी पहले भावना, अब बन गई package,
मोक्ष बिके हर द्वार पर, System करे सब manage।
कहीं चढ़ावा अनगिनत, कहीं भूखा बचपन है,
ईश्वर की तस्वीरों में अब मुनाफ़े का दर्शन है।

मंदिर के गर्भगृह में swipe machine लगी है,
आरती नहीं, अब तो रसीद चढ़ी हुई है।
'पाँच हज़ार में विशेष पूजन',
'दस में पाप विनाश',
भक्त VIP हैं अब,
श्रद्धा पीछे हुई लाश।

कुंडली छपे App में, पंडित अब online,
Zoom पे करवा लो हवन, बस भर दो अमाउंट फाइन।
प्रसाद आएगा डिलीवरी से,
brand है 'आस्था' का,
"Same-day Moksha Guaranteed" –
स्लोगन है विश्वास का।

एक माँ खड़ी है लाइन में, थाली में बस चावल,
न पूजा की बुकिंग है, न कोई विशेष हवाला।
कहती है, "हे देव! मैंने तो प्रेम ही अर्पित किया है,"
पर पुजारी हँसता है – "QR कोड कहाँ दिया है?"

बाज़ार बना धर्म का, विज्ञापन सा भक्ति,
आस्था पर Discount है, और लालच पर मुक्ति।
साधु बने ब्रांड अब, चेहरे सब चमकदार,
पर भीतर झाँको तो दिखे, इच्छाओं का व्यापार।

धर्म की छाया में सत्ता की चतुर चाल है,
मंदिर की घंटी के नीचे हिंसा की मिसाल है।
कहीं रथयात्रा के पीछे तलवारों का मेल,
कहीं जाति-धर्म के नाम पर, इंसानियत का खेल।

पर कुछ दीपक जलते हैं, तम के बीच उम्मीद,
किसी किसान की मेहनत में है भक्ति की बीज।
कोई माँ अब भी रोटी बाँटे भूखे को चुपचाप,
कोई फ़कीर सिखा जाए – सेवा ही है जाप।

कभी मीरा गाती थी, श्रृंगार में वो भक्ति,
आज Insta पर 'भजन रील' – नज़ाकत में नक़ली शक्ति।
राधा अब लिप-सिंक करती है, व्रत भी है स्टोरी में,
भक्ति भी ब्रांड हो गई है – नई digital चोरी में।

और तब – हँस पड़ा कलियुग, छाँव में एक किनारे,
देखा हमें आँखों से, बोले शब्द तुम्हारे:
"कहो भक्तों! अब क्या चाहिए तुम्हें और?
मंदिर बना लिया, पर खो बैठे हो छोर।
ईश्वर अब बोली पर बिकते हैं,
और इंसान भूख में पिघलते हैं।"

"दान-पात्र में डाले जाते हैं नाम,
और फिर उन्हें पोस्ट किया जाता है on इंस्टाग्राम।
धर्म अब दान नहीं, विज्ञापन हो गया,
और ईश्वर – एक इन्वेस्टमेंट स्कीम बन गया।"

"मैं तो कलियुग हूँ – मुझे दोष क्यों देते हो?
तुम ही तो हो, जो भावना में भी मुनाफ़ा देखते हो।
मैं तुम्हारा ही प्रतिबिंब हूँ –
बस आईना पकड़े खड़ा हूँ,
तुम ही अपने ईश्वर को
बाज़ार में गिरवी रखे जा रहे हो।"

"हँसी आती है मुझे –
तुम्हारी आरती, तुम्हारी रील, तुम्हारी रीति पर।
और फिर तुम कहते हो –
कलियुग बहुत ख़राब है..."

इतना कहकर वो चला गया, बस मुस्कराते हुए,
और हम खड़े रह गए,
अपने ही 'भक्ति ब्रांड' के पोस्टर के नीचे –
ईश्वर को खोजते हुए।

10. देश का प्राणायाम

सुबह-सुबह मैं योगा कर रही थी,
धनुरासन–चक्रासन में जान गला रही थी।
शवासन में जब तन ढीला पड़ा,
तो मन ने धीरे से सवाल जड़ा–
“क्या वाक़ई इस देश का हाल भी कभी
योग से सुधर पाएगा?”

मंच पे बैठ योगा सिखावें,
पीछे से ठेका-घोटाला करवावें।
रामराज्य के नारे बुलंद करें,
पर जनता को रोज़ कलंक धरें।
कुर्सी-आसन यही कहलाए,

जनता देखे, माथा धुन धुनाए।
गड्ढों में सड़क गुम हो जाती,
हादसा रोज़, पर फ़ाइल सो जाती।
हेलमेट घर में धूल चाटे,
ट्रैफ़िक पुलिस पान दबा के बाते।
गड्ढासन में देश फँसाए,

जिंदगी हर मोड़ पे दाँव लगवाए।
पसीना जनता बहा रही है,
सरकार बस टैक्स कमा रही है।
पेट्रोल-डीज़ल आसमान छुए,

साहब AC गाड़ी में झूले।
टैक्सासन सबको सताए,

ख़ाली जेब रोज़ रुलाए।
घर का कचरा नाली में डाले,
साफ़ सफ़ाई पर उपदेश उछाले।
लालबत्ती पे थूक के भागे,
सोशल मीडिया पे देशभक्ति जागे।
थूकासन जब तक रहेगा,
सपनों का भारत कैसे बनेगा?

धान उगाए किसान बेचारा,
मंडी में दाम मिले अठन्नी सारा।
साहब खाएँ सब्सिडी वाला खाना,
किसान करे आत्महत्या का तराना।
हलासन टूटा किसान के संग,
भूख से लड़ा वो आख़िरी जंग।

पेड़ कटे, इमारत उठी,
धुआँ-धक्कड़ से हवा घुटी।
फैक्ट्री पास बस्ती बसाई,
बच्चों को दमा की सौगात दिलाई।
प्रदूषणासन ने जकड़ लिया,
साँस लेने का हक़ छीन लिया।

स्कूलों में ना टॉयलेट-पानी,
फीस बढ़ी पर पढ़ाई आधी।

पेपर छपे तो पहले बिके,
डिग्री रिश्वत में तौलें ठिके।
लीकासन का ये आलम देखो,
ज्ञान से ज़्यादा जुगाड़ पे भरो।

हर पार्टी दूजे को गाली दे,
जनता को सपनों की थाली दे।
कौआ चुगे मोती आराम से,
हंस भूसा खाए बदनाम से।
कौआ-आसन जब तक टिका,
रामराज्य सपना ही रहा चिरका।

योगा से तन तंदुरुस्त होगा,
पर देश तभी चमकेगा,
जब नेता भूख न निगलेंगे,
जनता नियम न तोड़ेंगे।
वरना शवासन में सोएगा भारत,
और आज़ादी बस नारे में रोएगा।

11. ना तुम Ex , ना तुम Next

तेरी आँखों में सपना देखा, तेरी बातों में साज़ था,
कभी लगा तू सबकुछ मेरा, कभी बस मज़ाक का राज़ था।
दिल धड़कन से पूछे रोज़ – "क्या ये सचमुच प्यार है?",
या ये बस एक खेल-सा रिश्ता, जिसका न कोई आधार है।

कभी हँसी के संग खिलता हूँ, कभी आँसुओं में डूब जाता,
तेरे "seen" पे रुककर मैं, सौ बहाने खुद को सुनाता।
तेरी हाँ में सुकून छिपा, तेरी चुप्पी में रौद्र जगे,
हर मैसेज पर जीवन ठहरे, हर इंतज़ार में दिन ढले।

श्रृंगार रस जब छू ले मन, तेरी तस्वीरें बोल उठें,
करुण रस में आँसू बहें, जब वादे आधे ही टूटें।
वीर रस में कसम खाऊँ – अब इस दिल को रोकूँगा,
पर भयानक डर यही – कहीं फिर तुझसे जुड़ जाऊँगा।

तेरे छल में वीभत्स दिखे, पर अद्भुत जादू भी है,
तेरे आने-जाने में भी कोई अनकही सी तालीमी है।
शांति कहाँ मिल पाती है, जब तू "last seen" छोड़ दे,
और मैं मूर्ख-सा ख्वाबों में, तेरे वादे फिर जोड़ लूँ।

हम 90's की मिट्टी के हैं – जहाँ रिश्ते निभाए जाते थे,
रामायण–महाभारत जैसे, सालों तक देखे जाते थे।
आज की पीढ़ी को देखो – skip ad पे सब खत्म हुआ,
रिश्ते भी बस subscription हैं – free trial में जकड़ा हुआ।

यही है situationship का सच –
न तेरा, न मेरा मुकाम कोई,
प्यार अगर होता तो साफ़ होता,
ये आधा-अधूरा है... और सबसे बड़ा अपराध वही।

12. जूते का बायाँ और दायाँ

सफ़र वही, पर राह जुदा,
बायाँ बोले – "मैं पहले चला!"

दायाँ हँसा – "बिना मेरे तू अधूरा,
तेरे संग ही तो है सफ़र पूरा।"

कदम-कदम पर साथ निभाते,
मगर न कभी जगह बदल पाते।

एक आगे, तो दूजा पीछे,
फिर भी दोनों रहे सजीव सींचे।

बायाँ कहे – "मैं दिल की तरह,
सीधी राह न कभी ठहर।"

दायाँ बोले – "मैं बुद्धि की छाया,
रोकूँ गिरने से, दूँ सहाया।"

बरसों तक धूल में लथपथ,
फिर भी संग रहे अद्भुत पथ।

फीतों की गाँठ जो जोड़ती रहे,
बंधन का संदेश ये छोड़ती रहे।
यूँ ही जीवन भी चलता जाए,

कभी बायाँ, कभी दायाँ आगे आए।
पर जीत उसी की होती है प्यारे,
जो संग-साथ निभाए सारे।

13. तुम किसी किताब-सी रहना

तुम किसी किताब-सी रहना,
ना मोबाइल-सी notification,
जिसे लोग swipe कर भूल जाएँ,
बिना भाव, बिना vibration।

तुम किसी किताब-सी रहना,
जहाँ हर पन्ने पर ठहराव हो,
ना बस 'seen' पे अटक जाना,
ना shallow सा कोई जवाब हो।

तुम किसी किताब-सी रहना,
कभी हँसी, कभी आँसू बनो,
हर अध्याय में जीवन की गूँज,
हर शब्द में थोड़ा जादू बनो।

तुम किसी किताब-सी रहना,
ना insta story, ना reel हो,
जो पाँच सेकंड में गायब हो,
पर ऐसी रहना जो यादों में सदियों तक feel हो।

तुम किसी किताब-सी रहना,
जिसे पढ़ने में patience लगे,
ना premium ad-free trials हों,
ना skip का कोई option लगे।

तुम किसी किताब-सी रहना,
जो shelf पे बस सजावट न हो,
बल्कि तकिए तले छुपी रहे,
रातों की आदत, इबादत हो।

क्योंकि रिश्ते अगर किताब न हों,
तो बस अख़बार से लगते हैं,
सुबह headlines में चिल्लाते हैं,
शाम को ठेले पे बिक जाते हैं।

14. स्याही के परिन्दे

स्याही से लिखे अक्षर थे, दिल की पहली आस,
पलकों पर झिलमिल करते, जैसे नर्म उजास।
पत्रों में छिपी थीं बातें, चुपके-चुपके कह दी,
स्याही के परिन्दों ने, मन की हलचल सह दी।
रातों को चाँद संग बैठे, लिखे अनगिन तारे,
स्याही से रंग गए सपने, बिन कहे इशारे।
गुलाब-सी महकी थी चाहत, कागद था गुलशन,
स्याही ने बाँधा जीवन का पहला बंधन।

स्याही ने जब रण डाला, तलवारें भी काँपीं,
लिखे हुए उद्घोष से ही, सेनाएँ सब छाँटीं।
"भारत माता की जय" था, हर पन्ने का गान,
स्याही बनी शस्त्रों से भी, कहीं अधिक महान।
मशालों-सा जल उठा था, कागद का अंग-अंग,
"स्वराज" लिखा तो गूँज उठा, जन-जन का हर संग।
स्याही के परिन्दों ने ही, तोपों को ललकारा,
लिखकर ही वीरों ने जग में, इतिहास सँवारा।

स्याही में आँसू घुलते, लिखते माँ की व्यथा,
"लौट आ बेटा शीघ्र यहाँ, सूना पड़ा है पथ।"
चिट्ठी में बिखरी थी पीड़ा, काँपे हर अक्षर,
स्याही से लिखा हुआ था, माँ का टूटा घर।
कागद रोता रहा अकेला, अँखियों की नमी में,
स्याही ने बाँधा दुख, अनगिन हिचकियों की लड़ी में।

शब्द बने थे रुदन सभी, साँसें टूटी-टूटी,
स्याही ने दी थी गवाही, यादों में छूटी।

स्याही से अग्नि बरसी, जब अन्याय बढ़ा,
कागद पर गुस्सा उतरा, सत्य सामने खड़ा।
लिखा हुआ उद्घोष बना था, शासन का कम्पन,
स्याही ने बाँधा शब्दों से, क्रोधी तूफ़ान।
स्याही ने तलवार उठाई, लेखनी बनी प्रहार,
अन्यायी का हर चेहरा, हो गया तार-तार।
स्याही के परिन्दों ने ही, अत्याचार मिटाया,
रक्त बिना ही युद्ध में, सत्य ने जय पाया।

स्याही काली जैसे गहरी, अमावस की रात,
कागद काँपा, देख लिया जब श्रापित प्रात।
स्याही ने रच डाले थे, अनजाने मन्त्र,
हर पंक्ति से निकले सर्प, काटें जैसे तन्त्र।
कभी ताबूत का वर्णन, काँपते अक्षरों में,
स्याही से गिरी परछाईं, भटकती मंज़िलों में।
स्याही का हर काला कण, भय का रूप बना,
कागद ने आँसू बहाए, जीवन टूट गया।

स्याही ने झूठ लिख डाला, लोभ से भरे ग्रन्थ,
रिश्ते बिके, इंसान खोए, मिटा गया सत्य।
लिखे हुए अनुबंध बने थे, धोखे की पहचान,
स्याही काली हुई थी, जैसे पिघला हुआ श्मशान।
कागद पर गिरी गन्दगी, घिन से काँपे शब्द,
स्याही ने बिखेरी लज्जा, चुपके से हर पद।

जहाँ प्रेम होना चाहिए था, बिक गई नज़रें,
स्याही ने लिख दी वहाँ पर, घिनौनी तस्वीरें।

स्याही ने पत्थर जगा दिए, चित्र हुए सजीव,
कथा लिखी तो लगने लगे, देव स्वयं समीप।
स्याही ने ही बाँधी थी, वेदों की हर पंक्ति,
अनसुनी ध्वनियाँ बोलीं, शब्दों की शक्ति।
कभी उड़ते परिन्दे उतरे, कागद के पंखों पर,
स्याही ने बाँधा जीवन, चमत्कार रचकर।
शब्द बने थे दीप सभी, जगमग हो गया काल,
स्याही ने ही बाँधा मन का, अद्भुत लालित्य जाल।

स्याही अन्त में मौन हुई, कागद ने सिर झुकाया,
लिखे हुए हर शब्द से ही, जीवन अर्थ पाया।
स्याही के परिन्दे रुककर, ठहर गए उसी क्षण,
मौन था पर गूँज रहा था, युगों-युगों का धन।
कागद पर छूटे निशाँ, साधना बने प्रतीक,
स्याही ने शान्ति रच दी, जैसे ध्यान अनन्त दीर्घ।
शब्द बिना भी अर्थ खिले, जैसे ऋषि का मन,
स्याही का अन्तिम स्वर था, "जीवन है केवल साधन।"

स्याही के परिन्दे उड़ते हैं, अम्बर की सीमा तक,
लिखते हैं वे कथा हमारी, जीवन की रीमा तक।
कभी प्रेम, कभी रुदन, कभी गुस्सा, कभी हँसी,
स्याही ही बाँधती है, हर युग की हर बसी।
स्याही के परिन्दे रहेंगे, सदियों तक अमर,
लिखेंगे वे कथा अनूठी, हर पन्ने पर स्वर।

15. सखा

ना प्रेम, न चाह का बंधन,
ना स्पर्श, न मन का मंथन।
बस विश्वास की डोर सखी,
जो युगों-युगों तक रहे सही।

जब मौन खड़ी थी सभा के बीच,
लज्जा थी, आँसू थे, पीर अतीत।
सब दृष्टिहीन, सब मौन रहे,
किसे पुकारे, कहाँ कहे?

तब हृदय से निकली वह पुकार,
"हे माधव! अब देना संभार।"
ना रक्त, न कुल का कोई बंधन,
बस सखा का अमर वचन।

क्षण भर में जब आँचल बढ़ा,
अनंत धारा वस्त्र बन छा गया।
करुण पुकार का सच्चा फल,
सखा बना जीवन का संबल।

यह मित्रता कोई सौदा नहीं,
यह प्रेम मगर आधा नहीं।
ना देने–लेने की शर्त यहाँ,
बस आत्मा का आधार जहाँ।

कभी संबल, कभी मौन सहारा,
कभी दीपक, अंधियारा प्यारा।
वह मित्र, जो अधिकार न मांगे,
सिर्फ हृदय के घाव को ढांपे।

कृष्ण–द्रौपदी की यह कहानी,
युगों-युगों तक रहे सुहानी।
सखा-भाव का यही प्रतीक,
अमर, अलौकिक, अनोखा संगीत।

16. माँ कहे "इंसान हूँ मैं |"

कहते हो – "त्याग ही तेरा धर्म,
ममता ही तेरी पहचान।"
पर क्यों भूल जाते हो सब,
माँ भी है बस एक इंसान।

सुबह से रात तक दौड़ती है,
घर–ऑफिस दोनों मोड़ती है।
थककर जब बिस्तर पर गिरती,
तो ताने ही उसकी नींद हरती।

क्यों हर बार सवाल यही–
"बच्चे को समय दिया कि नहीं?"
कभी पूछा किसी पिता से?
क्यों बोझ माँ पर ही टाला है?

माँ कोई देवी की मूर्ति नहीं,
ना ही बलिदान की सुरभि है।
ना चबूतरे पर चढ़ा दो उसे,
बस जीने का हक़ तो दे दो इसे।

सपनों पर उसका भी हक़ है,
उसकी भी चाहत का हक़ है।
जो मेहनत से मुकाम बनाती है,
वह गर्व नहीं तो और क्या है?

अब ये मत कहो—"भगवान है माँ",
ना आसमान, ना तूफ़ान है माँ।
वह हक़दार है सम्मान की,
और हक़दार है इंसान कहलाने की।

हाँ, टूटती है, रोती है,
गलतियाँ भी करती है।
पर यही तो उसकी सच्चाई है,
यही उसकी सबसे बड़ी कमाई है।

समाज की बेड़ियाँ अब तोड़ो,
माँ को देवी की चौखट से छोड़ो।
वह ईश्वर नहीं, वह पूजा नहीं,
वह स्त्री है—इंसान से दूजा नहीं।

17. अनकहा सा सुकून

चालीस–पचपन की राहों में,
जहाँ कंधों पर बोझ कई होते हैं,
जहाँ अपनेपन के बीच भी
मन कई बार अकेले रोते हैं।

वहीं तुमसे मुलाक़ात हुई–
बिना सवाल, बिना परिभाषा,
बस जैसे कोई पुराना पन्ना
धीरे से फिर खुल आया।

तुमसे बातें करना सहज है,
जैसे बरसों पुरानी डायरी से राज़ कहना।
ना कोई निर्णय, ना कोई आलोचना,
सिर्फ़ सुनना... और मुस्कुरा देना।

ये रिश्ता कोई बंधन नहीं,
ना इसमें कोई अपेक्षा है।
पर दिल के कोनों को छू लेता है,
जैसे बरसों से दबा एक स्पर्श,
धीरे से आकाश छू लेता है।

तुम्हारे संग कभी–कभी लगता है,
जवानी की कोई छवि लौट आई।
वो सहजता, वो खुलापन,

जो जीवन की दौड़ में कहीं खो आई।

ये मोह नहीं, ये आकर्षण नहीं,
बस आत्मा का एक संवाद है,
जहाँ उम्र, रिश्ते, परिभाषाएँ
सबके परे... बस मन का विस्तार है।

18. फटी हुई कॉपी का आख़िरी पन्ना

Notebook के सारे पन्ने भर गए थे,
कभी गणित के अंकों से,
कभी दोस्तों के नाम से,
कभी teacher की डाँट से,
तो कभी अधूरे सपनों से।

पर आख़िरी पन्ना–
हमेशा सबसे अनमोल रहा।
उस पर लिखे थे राज़,
जो diary में भी जगह न पाते।

कहीं टेढ़े-मेढ़े दिल बने थे,
जिनके बीच लिखे थे अक्षर–
"Best Friends Forever।"
कहीं क्रिकेट मैच की स्कोरिंग,
कहीं प्रेम-पत्र की पहली कसरत।

वो पन्ना फटा हुआ था,
पर उसी में सबसे ज़्यादा जीवन था।
जैसे कोई रिश्ता–
टूटा-फूटा सही,
पर सबसे गहरा।

आज अलमारी में मिली वही कॉपी,
पन्ने पीले पड़ चुके थे,
स्याही धुंधली हो गई थी,
पर यादें वैसी ही ताज़ा–
जैसे कल ही लिखी गई हों।

समझ आया,
कि कॉपी का आख़िरी पन्ना ही बताता है–
ज़िंदगी का हिसाब किताब अंकों से नहीं,
बल्कि अधूरे काग़ज़ों और बिखरे शब्दों से बनता है।

19. अधखुला दरवाज़ा

उस घर का दरवाज़ा कभी पूरा बंद नहीं होता,
जैसे माँ की आँखें कभी पूरी नींद में नहीं सोती।

हल्की-सी दरार से झाँकता है इंतज़ार,
बेटे-बेटियों की वापसी का–
जिन्हें शहर निगल गया है अपनी रफ्तार में।

पापा की खाँसी उस चौखट पर टिकी रहती है,
और माँ की चप्पलों की चरमराहट कहती है–
“कभी तो लौटोगे...”

धूल जमी चौखट भी जानती है,
कि अधखुला दरवाज़ा ही है
जो घर को अब भी घर बनाए रखता है।

वो दरार–
जहाँ से आती है हँसी की पुरानी गूँज,
जहाँ से लौटकर आता है बचपन का शोर,
जहाँ से छनकर आता है माँ का पुकारना–
“अरे, खाना खा लो!”

मैं जब भी उस दरवाज़े से भीतर जाती हूँ,
लगता है जैसे मेरा बचपन अब भी
वहीं कहीं कुर्सी पर बैठा इंतज़ार कर रहा हो।

अधखुला दरवाज़ा–
एक उम्मीद है,
एक रिश्ता है,
एक वादा है कि घर कभी बूढ़ा नहीं होगा,
बस थोड़ा अधूरा रहेगा–
ताकि हम लौट सकें।

20. मालगुड़ी की गलियाँ

मालगुड़ी की गलियों में
मेरे कदम फिर से गूँजते हैं,
पापा की टोकटोक,
माँ की “जल्दी आओ!”
और भाई-बहन की शरारतें–
सब आज भी याद दिलाते हैं,
“तुम यहाँ थे, और अब भी हो।”

पेड़ की छाँव में
गेंद उछलती, पतंग उलझती,
और दुकान के झोलों में
मीठा समोसा मुस्कुराता।
छोटे-छोटे झगड़े,
थोड़ी नोकझोंक,
और हँसी की आवाज़–
जैसे समय भी मुस्कुरा रहा हो।

रात को चाँदनी में
झूला हिलता, तारे टिमटिमाते,
कभी-कभी लगता है–
मालगुड़ी सो नहीं रही,
बस हमारी यादों में जाग रही है।

पुराने किरदार–

रामु, स्वामी, मिस्टर चक्रवर्ती–
सब कह रहे हैं,
“देखो, बचपन की ये छोटी-छोटी बातें
आज भी दिलों में बसी हैं।”

और मैं खड़ा हूँ,
थोड़ी हँसी, थोड़ी नमी आँखों में,
समझता हूँ–
मालगुड़ी सिर्फ़ जगह नहीं,
ये यादों का शहर है,
जहाँ हर मोड़, हर पत्थर,
हमारे बचपन का हिस्सा है।

21. तुम्हारे बिना ये सफ़र अधूरा था

हर पन्ना लिखा तो लगा –
क्या कोई इसे महसूस करेगा?
हर शब्द रखा तो सोचा –
क्या ये किसी दिल तक पहुँचेगा?

फिर तुम आए...
और मेरे अक्षरों में अपनी धड़कनें जोड़ दीं।
तुम्हारी आँखों ने पढ़ा,
तुम्हारे मन ने अपनाया,
और मेरी कविताएँ अब
सिर्फ़ मेरी न रहीं।

ये किताब तुम्हारे बिना
बस काग़ज़ का एक पुलिंदा थी।
तुमने इसे साँसें दीं,
तुमने इसे अर्थ दिया।

आज जब आख़िरी पन्ना
तेरे हाथों में थरथरा रहा है,
तो मैं बस इतना कहना चाहती हूँ –
धन्यवाद।
तुम्हारी वजह से
मेरे शब्द अमर हो गए।

किताब यहाँ खत्म होती है,
पर रिश्ता नहीं।
जब भी तुम किसी छोटे पल में
मुस्कुराओगे या रो दोगे,
जान लेना ,
मेरी कविता वहीं तुम्हारे पास होगी।

www.ingramcontent.com/pod-product-compliance
Lightning Source LLC
LaVergne TN
LVHW022029200926
848481LV00007B/2603